樂遊緬甸

沐浴在南傳佛光之旅

莊錦豪——著

作者序

筆者不是特別喜好遊山玩水的人，偶爾為了放鬆心情，增廣見聞，和親朋好友組團出遊，也多會在事前篩選旅遊景點，旅行中照相，並當下做成記錄，事後保存檔案。這一系列的舉動，純粹為了自己萬一有一天回想某一個地方，和哪些人出遊時，不會張冠李戴，弄錯人事時地物。從未有寫成遊記，和他人分享的念頭。但是，這次緬甸之旅，至少對筆者而言意義重大，於是興起何不出書，將緬甸旅遊所見所聞和團友及需要的人分享？

很多人聽過徐霞客（一五八七～一六四一年）的大名，他是明代著名的地理學家、旅行家和文學家。在封建科舉、資訊遠遠不如今天發達的年代，敢於跋涉許多前人未到的蠻荒地區，包括古人稱充滿瘴癘之氣的雲南騰越（今騰衝），並因此得病去世！從現代人的角度看，他是集背包客與冒險家於一身的奇人異士，因旅遊認識雲南納西族土司木增，也託朋友完成《徐霞客遊記》，成為聞名千古的旅行家。

即使現代資訊比起四百年前徐霞客旅遊的年代充實許多，聽到要去比騰衝更南方的緬甸旅遊，很多人還是裹足不前。雖然瘴癘之氣不一定有，但是很多流行病比其他國家高。加上緬甸軍政府長期統治，又有西方媒體大肆報導回教徒族群羅興亞人的遭遇，諸多負面訊息充斥，比起封閉不知，一樣地嚇人！

筆者個人好奇心也許比不上徐霞客，但是對南傳佛教的著迷，驅動我前去緬甸冒險。徐霞客的旅遊，常常單槍匹馬，也往往露宿於荒郊野外。雖然現代人旅行有旅館可以住，也可以找旅行社安排行程，但是筆者就算膽子再大，也不敢單獨前往壯遊。幸好有十二「壯士」，願意陪筆者走一趟，完成這好不容易得來的旅遊。筆者除了衷心感謝所有團友，其中還包括我的老師和長輩，也希望藉這簡短的遊記，提供一些有用的訊息，給對緬甸旅遊抱持興趣的人參考。

緬甸絕對不是喜好旅遊的人的首選，如果偏重高級享受的人，也不必考慮去。喜歡崇山峻嶺、奇峰異石的旅客，現階段去了可能會失望。做為國民深度信仰南傳佛教上千年的國度，緬甸景區開發雖然落後，但是佛塔、佛寺的建築深具特色，搭配它特殊的傳統歷史文化背景，有其迥異於其他國家的吸引力。筆者這本遊記最有用的對象，應該是對佛教信仰保持高度熱忱，又不拘泥於漢傳大乘佛教的一般民眾。也許他們有心涉獵南傳佛教，但還未涉足緬甸，若能翻閱這本遊記，或許可以做為未來規劃旅遊時參考。筆者自認所見所聞，即使只是一面之緣，也可能失之粗淺，仍應該有一定程度的參閱價值。

緬甸所呈現的南傳佛教，一直是筆者心儀的對象。除了只信奉釋迦牟尼佛，讓信徒可以更專注於佛陀本意。其寺廟的結構和我們習以為常的台灣寺廟非常不一樣，四尊佛像居於佛塔或佛寺的中間位置，恰好面對四方，加上寺內空間非常大，足以讓來自於四方的信徒與他們信仰的佛陀，可以很從容自在地交心，其可近性遠非漢傳佛教國家的寺廟可以比擬。就禮佛方式而言，他們簡潔、靜穆又環保的做法，令筆者心生敬佩！而緬甸人死後的安排，更是對生者最貼切的餘蔭，也應該是領略佛陀風華甘旨者的上乘作為！

當然，也不是緬甸信徒所有的做法，筆者都認同。例如，女信眾不能太親近佛陀，以及只有男信眾可以在佛像身上貼金箔以示禮敬的方式，筆者就深感不以為然！但總體而言，南傳佛教有它的特色，包括兒童接受的佛學教育，令其表現在外的，就是一般民眾的親切、和善。緬甸玉也許是一般人珍惜的對象，但是緬甸淳樸的風土人情，是筆者更珍視和推薦的。這本遊記定位為沐浴在南傳佛光之旅，其實也是時光之旅，因為緬甸讓我們見識到很多文明社會已經失去，但確實還有須要的返璞歸真的一面。

筆者先前不認識緬甸，自然地，也不用替緬甸背書。筆者純粹反映此行的觀感。行前以為十一月過後，緬甸屬於旱季，會竟日陽光普照，沒想到受到印度洋颶風的影響，多數日子為陰雨，偶爾多雲。但是南傳佛光普照，足以抵銷不佳天氣的影響，使團員們遊興不減。當然，獲益最多的是筆者本人，足以套用一句俗語「行萬里南傳佛教路，勝讀萬卷佛經書」，做為這次緬甸旅遊的註腳。也希望讀者未來若成行，能體會我再套用的另外一句話「不經緬甸一事，不長佛學一智」！

感謝時報文化出版企業股份有限公司林憶純主編率編輯團隊成員，在武漢新型冠狀病毒引起的疫病肆虐全球之際，同心協力完成出書。也期待南傳佛光能普照世界，讓世人可以早日脫離苦境。

目錄

莊子與惠子游於濠梁之上。莊子曰：「儵魚出游從容，是魚之樂也。」惠子曰：「子非魚，安知魚之樂？」莊子曰：「子非我，安知我不知魚之樂？」

《莊子．外篇．秋水》

第一章

憧憬組團緬甸行，誰來伴我冒險遊？

1-1 為什麼組團到緬甸旅遊？

筆者不是特別喜好遊山玩水的人，偶爾為了放鬆心情，增廣見聞，和親朋好友組團出遊，很少搭別人組好的旅行團。三十多年累積下來，自己組團出遊次數還不算少。若追究起來，這舉動始於一九八九年四月十五日的大陸華東十二天之旅。從策劃開始到成行，我老婆一直唸個不停。當年大陸落後、資訊封閉，毫無安全保障不消說；同行的團員，多是我的長輩，其中一位伯父八十二歲，若有個萬一，我豈不成為眾矢之的？所幸傻人有傻福，包括我媽媽在內，所有親朋好友都平安、滿載愉快的心情回來！若要筆者評核三十多年來的得失，自得其樂還是多過自討苦吃。因為團員都是自己的親朋好友或同事，動作、步調一致，也好商量。唯一苦惱的是旅遊前作業，包括行程規劃及日數的確認，接著招兵買馬，湊足人數。整個過程有時不免曠日廢時，甚至差一點夭折，下述緬甸之旅，就是活生生的例子。

筆者自前年（二〇一八年）動筆寫「心領神會-儒釋道之子的信仰體驗」這本書開始，中間碰到我岳父及媽媽過世，但是對於南傳佛教最先開始發揚光大的兩個國家之一緬甸（另一是斯里蘭卡），一直充滿探索的興趣，而且深信佛陀的智慧，一定可以在這個國家找到。這信念的另一重要觸媒，是發生在二〇一八年六月二十三日泰國清萊省美塞縣睡美人鐘乳石洞，十二名少年足球隊隊員和教練艾卡波受困洞穴九天後才被發現，並在出事十八天後的七月十日才全部被救出來，創下十三人都活下來的輝煌記錄，轟動全球。華盛頓郵報報導，對許多泰國人來說，艾卡波幾乎就是上天派來保護那12名少年的菩薩。艾卡波10歲時父母去世，成為孤兒，一度進入美塞縣一間廟宇當小沙彌，後來因為要照顧生病的奶奶，離開寺院。艾卡波在受困期間的表現，所帶給我的震撼，真的是無以倫比！我從他身上看到佛陀的智慧。這故事發生在泰緬邊境的地方，而泰國的佛教是緬甸傳過去的！

筆者一頭熱，憧憬著緬甸之旅，卻苦無知音，還不時被老婆澆冷水！我找來樂久旅行社的曾奕維規劃。面對土地面積超過台灣十八倍，人口卻只有台灣兩倍多，交通不便，旅遊資訊貧乏的國度，將近一年的規劃，從五天到八天的行程，從仰光、內比都（新的首都）、蒲甘、曼德勒、東枝，包括全程坐四趟飛機到一路拉車，都在紙上談兵演練過。最後參考可樂旅遊規劃的六天五夜的行程，取消東枝之行，從仰光下飛機後一路搭車行經內比都、蒲甘到曼德勒，最後再從曼德勒搭飛機回仰光。行程搞定了，季節也敲定了在去年十一月開始的旱季、比較不那麼濕熱的季節，但是團員在哪裡？

落後的緬甸，因軍政府長期統治，又有西方媒體大肆報導回教徒族群羅興亞人的遭遇，加上當地的流行病除了登革熱之外，還有屈公病肆虐。諸多負面報導，似乎只有吃了熊心豹子膽的人或傻瓜才會加入緬甸之旅。老婆屢勸我懸崖勒馬，但是我心念已決，聽不進去。從我最親近的大姊、姊夫姜莊秋蘭及姜義煌、好友方武忠醫師及戴明海、黃碧玲夫婦等一一著手，再拉入老師林哲男、同學陳德芳以及先前的學生、目前已經是副教授的朱麗亞（匿名），加上三名研究助理吳敏翠、廖沛琳及張家祥和我們夫妻倆，勉強湊成13人，終於在二〇一九年十一月七日出團。我特別列出團員的名字，因為他們是了不起的長官、伙伴，為圓一個勇往直前的人的夢而一起去冒險！也在本書出版前，我一一徵得他們的同意才放上名字及照片。包括在緬甸碰到的導遊唐漢揚先生，我們暱稱他小唐，也是如此。

旅行一星期前舉辦的說明會，選在高雄愛河邊的國賓飯店舉行，希望團員這一趟充滿不確定性風險的旅遊，能履險若夷，賓至如歸、賓主盡歡！因為主辦這次旅遊的樂久旅行社，還沒有出團至緬甸的經驗，我們對他們的說明其實沒有多少信心。也許是巧合，也許是天意，國賓飯店的資深經理潘美枝，既是我和內人的好友，最近也去過緬甸三次，包括兩次參加朋友小孩的婚禮及一次旅遊。她詳述緬甸進步的近況，令人有心嚮往之感，當然也使得所有人彷彿吃下第一顆定心丸！

華航每星期一到星期五，都有一班飛機直航緬甸仰光市。我們選擇星期四去，下星期二（十一月十二日）回，原以為旅客會很少，沒想到來回都客滿，正應了「德不孤，必有鄰。」的孔子名言。有這麼多人同行，表示這國度沒有想像中那麼蠻荒、落後，也讓大家踏出國門的第一步就吃下第二顆定心丸！

1-2 開發中的緬甸，有骨氣的國度！

因為還在開發中，作為緬甸國家門面的仰光機場不大，旅客也少，海關人員對我們多很客氣，通關過程很順利。當地導遊小唐等在門口，也遇到好友施醫師在仰光發展觀光旅遊業的公子。在陌生的他鄉遇故知，大家心頭就熱起來，在機場接機的大廳寒暄幾句，略為瞭解緬甸的概況後，當然就照起相來留念，也做為進入緬甸國門的第一個證據。

照過像、哈啦完了，大夥就去換緬幣，一美元折換一千五百元緬幣，也就是說一塊台幣可以換五十元緬幣，在物價相對低廉的緬甸，相當好用。出了機場當地時間才十點多，但因時差一個半小時，台灣已經是過了中午，小唐安排我們在機場附近的一家「十里香餐廳」用餐。顧名思義，這是一家中餐廳，口味一如其名，菜色還不錯、也非常可口。

緬甸華僑大多來自於大陸廣東、福建或雲南。來自於廣東、福建地區的華僑，其分佈多在下緬甸，也就是以仰光為中心，包括了伊洛瓦底江下游及緬甸所有沿海地區；來自於雲南的華僑，主要分佈在上緬甸，包括曼德勒及其周邊地區，當然也包含和雲南接壤的廣大緬北。所以緬甸華僑菜餚做法及味道，雖然因地理位置不同，會有差異，總體而言，比較偏重南方口味，當然也混合緬甸的菜色。

第一餐的菜式，就包括大黃瓜中填肉丸，燉得很透的梅干扣肉，幾乎入口即化，還有炒木耳及淡水魚等，不但鑾合團員味蕾，也怯除團員飲食疑慮。如此順口的菜餚，不但填飽團員肚子，水土可能不服的問題，也一下子就拋諸腦後。大家都知道下午有很長的拉車行程，吃飽第一要緊！事實上，從頭到尾，全體團員除了有一位在最後第二天有肚子不適問題，但也很快解決，其他人都適應良好。

若按照原訂行程，吃完飯就直奔三百七十公里外，車程要四個半小時以上的內比都(Naypyidaw)，預計傍晚前就可以抵達。但是，排在最後第二天(星期一)要逛的翁山市場，就會因週一公休，無法參觀。小唐和領隊何小姐，一起和我們商量臨時調動行程，當天就先到仰光市中心，為紀念緬甸國父翁山將軍設立的市場。小唐事先給我們打過預防針，這趟進出仰光市中心要多花三個半小時，也預計晚上九點半才能到內比

圖 1-1. 翁山市場外觀不俗，內部規模雖然不小，擺設卻很像高雄的鹽埕區舊崛江市場。

都。大家不想漏失一個行程，就照辦了。翁山市場門面有特色（圖 1-1），市場規模雖然不小，擺設卻很像高雄的鹽埕區舊崛江市場，南北雜貨都有。大夥兒有興趣的，當然是緬甸聞名的玉石。逛了一圈，發現陳列的東西都相對粗糙，但是價格不高，所以也趁機買了幾件壓箱，免得後面因行程關係不巧空手。

翁山市場在仰光市中心，隔著馬路斜對面，是當地比較大的建築，在更高的 Pan Pacific 大樓旁，近看是名為 Junction City 的百貨公司。（圖 1-2）因行程裡沒有包括逛百貨公司，當時隨手照了一張照片，以資留念，萬萬沒想到最後第二天，還有時間進去。在 Junction City 的對面，是一間教堂，在信奉佛教的緬甸，相當罕見，應該是英國殖民時期留下來的。

接我們團的遊覽車比較新，左邊駕駛又靠右行駛在馬路上，讓我們感覺像在台灣一樣，很快地入境隨俗、習以為常，不覺有異，直到同學德芳兄注意到翁山市場外停的汽車，大多數是右邊駕駛，發現緬甸人很厲害，可以在左右駕駛座開車。問了小唐後，我們才知道在英國統治時代，緬甸一如其他英國殖民地國家，也是靠左行駛。但是英國打敗緬甸，放逐他們最後一位國王、皇后到遙遠的印度西海岸，讓他們客死他鄉，又沒有認真、好好地對待緬甸這個國家，緬甸人其實對英國的統治非常不滿，一旦推翻英國統治，制度就很快翻轉過來，包括車輛靠右行駛。因為窮，舊的右邊駕駛汽車仍充斥馬路上，裡面應該有一些後來才從日本進口的二手車。我們也注意到絕大多數街上的招牌，只有緬甸文，沒有英文或其他文字，對推銷旅遊固然不利，但是上述種種做為，也讓筆者見識到，緬甸實在是很有骨氣的國度！

圖 1-2. 翁山市場斜對面，是 Junction City 百貨公司，處於市中心，道路狹小，車輛多。

1-3 金塔林立為禮佛，沒有台灣的亂葬崗！

仰光建設不多，綠化超乎預期。離開市區的路上，看到一間比較現代化、新穎的建築，就在車上隨手照了一下，是一間醫院名叫做Parami Hospital(圖 1-3)。Pāramī 是梵語，翻譯成中文為波羅蜜，原有至上的或菩薩的責任，或者菩薩行者必修的善德。這裡用在醫院，當然是救濟眾生，脫離疾病的痛苦。有趣的是，此後一路上，就沒有看到第二家

圖 1-3. 從仰光市區道路拍攝到 Parami Hospital(箭頭所指處)

醫療院所。也許是緬文我們看不懂，但更可能的是小唐說的，緬甸人沒有保險，一般人生不起花錢就醫的大病，所以男生的平均壽命（餘命）只有六十歲，女生六十二歲。很像我們小時候鄉下人一生大病，就一命嗚呼。緬甸醫療設施不足，缺乏現代醫療院所充斥的延命設施，有大病就掛掉，這到底是不是壞事，還真有得討論！

另一更令我好奇的是，無論車行到哪裡，都可以看到大大小小金色的塔。原以為像台灣，塔是放死人骨灰的，但是小唐說緬甸所有的塔，都是用來禮敬佛陀的，裡面只放奉獻給佛陀的金銀珠寶或其他有價值的貢品！塔的大小及奉獻物品的多少，就看個人及家族的財力。緬甸人死後多火化，骨灰多灑在緬甸的母親河—伊洛瓦底江，或灑到大海及其他河流上。這作風很像印度人將死者在恆河旁火化，骨灰灑在恆河，但是印度人使用恆河已經過度浮濫，使這條河流受到嚴重污染，和緬甸人利用伊洛瓦底江運輸、梳洗及灑骨灰，仍能保持河流乾淨、清澈，實在不可同日而語！也許和現階段緬甸人口仍然少有關。無論如何，緬甸人對待死亡的簡潔、灑脫，沒有台灣的亂葬崗，令我們一團人打從心裡佩服到底！

當然，既然亡者已經追隨佛陀去，就沒有拜祖先的問題，這點倒是比較像基督教，人死後追隨耶穌上天堂，就不祭祖了。但是這一點也讓我們習慣慎終追遠習俗的華人，包括緬甸華人，比較難以接受。

1-4 夜奔新都遍寂寥，餐廳溫暖遊客心

第一天就遇上四個半小時的拉車行程，的確令人疲累，所幸中間休息站有令人眼睛為之一亮的店子，賣咖啡和甜甜圈。這樣的店子，在台灣也許不稀奇，在緬甸鄉下地方，卻是物以稀為貴！（圖 1-4）

真的就像小唐預計的，我們一行人大約晚上九點半才到首都─內比都。內比都是緬甸古語，意為「京都、都城」之意。雖然事前作業就知道這二〇〇五年才遷來的新都，人口據報有九十萬，但常居人口不會

圖 1-4. 仰光到內比都長途跋涉的路上，遇到亮麗的店子賣咖啡和甜甜圈，不能不令人眼睛為之一亮！

很多（約三十萬），面積卻有六千四百五十平方公里，比仰光市大九倍多！因此陰雨天在首都路上繞行，車道兩側空蕩蕩，只看到寥寥幾顆星火，仍然令我們非常詫異、不習慣，彷彿進入荒廢的鬼城！直到車抵全聚德餐廳，大家才放下那顆忐忑不安的心！據說緬甸政府為了「充實」國都，要求在仰光開業成功的大商號，也

圖 1-5. 內比都全聚德餐廳用完晚餐後，全體留影，雖然已經晚上 11 點（台灣時間超過半夜），沒有人露出倦容。

要在內比都開一家分店。以烤鴨聞名的全聚德餐廳，是否配合政策，不得不在此開店，不得而知。但是，可以確定的是，即使我們這麼晚抵達，偌大餐廳，也只有我們一行人分兩桌用餐，但是服務人員的態度出奇地好，沒有因為我們晚到而板起臉孔。菜色佳且可口，大家吃得很滿意，離開時在大廳的合照（圖 1-5），似乎沒有人看到倦容，由此可見一斑！

圖 1-6. 內比都緬甸風味十足的 MINGALAR THIRI HOTEL。

第一晚住宿 MINGALAR THIRI HOTEL，大家都累壞了，只注意到設施還不錯，房間外走道上，豎立著床墊，也無暇去問原因，倒頭就睡。第二天起床發現，這是一間緬甸風味十足的飯店，早餐稍嫌簡單，但是還可以接受。走道上床墊的小事，沒妨礙住宿，就不過問了。（圖 1-6）

第二章

嶄新、政軍內比都，蓮花、金塔致祥和

2-1

新都、金塔都闊氣，蓮花、寺內慕佛心

內比都的空曠，第二天得到印證。我們一大早打算到這新國都的國會大廈繞一下參觀，但被阻在路上，這條國會大道又直又寬廣，有二十線道。十字路口的圓環，裝飾著大朵盛開的人造蓮花（圖 2-1），非常能襯托這佛教國都的祥和，反而淡化軍人掌政的殺伐之氣，意境高超。

圖 2-1. 透過車窗照到內比都十字路口圓環中的蓮花，即使有車窗倒影，在繁忙的路口，仍然可以感受白色蓮花帶來的祥和之氣。

介於總統府和國會大廈的國會大道旁，有一常設的閱兵台，緬甸式建築，三棟連接，主樓約三層樓高，旁邊兩棟約二層樓高，雖然不是很華麗，點綴在目前高樓大廈仍稀疏的內比都，仍不失為得體的建築物。但是在緬甸，此常設建築仍不免引起軍人長期把政的不當聯想。(圖 2-2)

圖 2-2. 寬闊的國會大道旁常設的閱兵台，緬甸式建築，雖然不華麗突兀，仍不免引起軍人長期把政的不當聯想。

【內比都大金塔】富麗堂皇，內有4尊價值不菲的玉佛供奉於此。

在參拜前，首先要了解南傳佛教的國家，只供奉釋迦牟尼佛，緬甸也不例外。供奉的場所分成塔和寺廟。一般而言，塔中只放奉獻給佛陀的金銀珠寶，內部不開放參觀或讓信徒進去；而寺廟裡面有佛像，歡迎信徒進去禮佛。進入緬甸寺廟和進入台灣寺廟的規矩不一樣，所有人都要脫鞋，打赤腳才可以。無論男女，褲子或洋裝都要過膝，只要稍嫌曝露，就要圍緬甸筒裙，男的叫做「籠基」（英語 Longyi），女的叫做「特美」（英語 Tamane）。

我們這一團六位女團員第一次穿上「特美」，都很新奇，照相時當然要擺出特美的姿勢！（圖 2-3）

圖 2-3. 所有女性團員都赤腳，著「特美」筒裙，在內比都大金塔外，一字排開擺出優美的姿態，美感十足。

內比都大金塔是少數可以入內參觀的佛塔。在緬甸，幾乎所有的塔和寺廟，都在東南西北四個方向，各供奉一尊佛像，內比都大金塔的4尊玉佛也不例外。緬甸很多塔和寺廟內部規模都很大，可以同時容納上百人入內禮佛，而不會顯得擁擠。東南西北四尊佛像，能廣納四方信眾瞻仰、禮拜，整體設計實在高超。我們一團人第一次踏進緬甸佛塔，幾乎不敢相信眼前看到的景象，和我們印象中的台灣寺廟，實在有天壤之別！(圖 2-4)

圖 2-4. 內比都大金塔內部非常寬敞，可以同時容納上百人入內禮佛，也讓四方來儀的信徒，可以從容地和佛陀交心。團員們第一次看到，心中不免為之一震！

由於寬敞，信徒可以放心地和佛陀傾訴自己的心聲。筆者在裡面就親眼看到一對情侶模樣的年輕人，女的席地而坐祈福，男的站在旁邊，也不停地靠近佛像，彷彿在傳話。在偌大的佛塔裡面，還真不容易一眼就看到這對年輕人忙著禮佛。(圖 2-5) 當然，他們可以盡情地訴說衷情，也不用擔心旁人偷聽！

圖 2-5. 在偌大的內比都大金塔內部一角，有一對情侶模樣的年輕人（圖中偏右處），在和佛陀禱告，由於空間大，距離遙遠，旁人也不曉得他們訴說什麼衷情。穹頂上清晰的緬甸語經文，可惜我們無法解讀。

圖 2-6. 內比都大金塔四尊玉佛中的一尊，在很大的佛塔內部遠眺佛盤腿坐圖，法相莊嚴。(家祥提供)

很多塔和寺廟內的4尊佛，法相多不一樣，有可能代表四念住，亦稱四念處、四意止，為南傳上座部佛教根本的修行方法，即從內觀，身、受、心、法四個面向，建立持續、穩固的覺知，明瞭人剎那間生滅、無常、苦、及無我的本質，斷除貪瞋痴慢疑等諸煩惱，從而解脫無邊苦海。從家祥提供的照片(圖2-6)，可見其中一尊玉佛的容貌，自是無比莊嚴。

圖 2-7. 家祥提供的雕刻圖顯現大象在緬甸南傳佛教的角色。

塔的四周不乏雕塑的傑作，像家祥提供的一張圖，就顯現大象在緬甸南傳佛教的角色，只可惜時間有限，緬文也不通，無法充分解讀雕刻圖的意義。（圖 2-7）

2-2 禮佛環保又肅靜，導遊不介入買賣

除了穿著要莊重，緬甸人禮佛方式非常環保，雖然有人說有類似台灣點燈儀式，但是我們看到最常見的三種禮佛方式是：獻金、獻上鮮花或在佛身上貼金箔。台灣寺廟的燒香、燒金紙，或獻上牲禮，在這裡看不到。無論塔或寺廟，可以保持千年，都一樣乾淨，且避開火燭之災，實良有以也！為了表示敬意及方便著想，我們團員多數用緬幣放入奉獻箱內，偶而也獻上鮮花，還沒有人貼金箔。後面會提到在一個供奉佛的寺廟，當地男人爭先恐後、一個接著一個地在佛身上貼金箔。小唐笑稱

很多原來不胖的佛，因為一層又一層的金箔貼上去而胖起來。但是像內比都大金塔的4尊玉佛，就不允許貼金箔。

前一晚雖然摸黑到內比都，但是車子經過國家玉石博物館(Gems Museum)，小唐不經意地介紹有這樣的展覽館，只是不確定早上什麼時候開放參觀。沒想到第二天這意外的行程就發酵，在參觀完大金塔後，大家一致要求到玉石博物館參觀。(圖2-8)醉翁之意當然不在看二樓展覽的玉石，而是買不買得到一樓販賣的寶玉。雖然一張看

圖 2-8. 寶玉當前，眾人皆樂。有的團員先拍照留念，有的等不及，早已開拔進入博物館。

展覽的門票為七千五百元緬幣，換算台幣才一百五十元，在時間有限的情形下，團員只湧入一樓的販賣部尋寶。販賣的玉石比翁山市場好一點，價格平實，大家也買得不亦樂乎。真正名貴的玉石應該在二樓的展覽館內，團員擦身而過，正應了【論語】所言「有美玉於斯，韞櫝而藏諸！」

從第一天開始，我們就注意到兩件事：首先，只要時間許可，導遊小唐樂意帶我們想去的地方，包括上述不在原先規劃的玉石博物館。但是他不主動推薦店舖，也不介入買賣，看來抽成賺一點小費的事不存在。事實上，一直到旅遊結束，小唐都沒有向我們推銷任何商品，純粹景點介紹，這樣的旅遊讓我們耳目一新！其次，除了司機，每部車還配一位隨車服務員，類似台灣的車掌，但是我們遇到的前後任兩位隨車服務員，都是男生，主要幫助我們上下車，及在車上發放水等服務，領隊、導遊的工作自然地輕鬆多了。雖然語言不通，這四位緬甸籍司機及隨車服務員，臉上常掛著笑容。親切、隨和的作為，也令我們一路稱心！

做為新的國都，內比都目前非常寬闊、空曠，相信緬甸如果繼續發展下去，內比都的潛力必然無窮。圓環中的人造蓮花，應該可以帶來長遠的靜謐與祥和！

第三章

從內比都到蒲甘，國都有新舊，佛心無分別

3-1 內比都到蒲甘，綠意滿山野，佛塔映眼簾

離開內比都，我們就要拉車到兩百七十公里外的蒲甘。從內比都到蒲甘，車子走的應該是類似台灣早年的省道，但是更小、更彎曲，非常有鄉間羊腸小徑的感覺，當然也非常接鄉村的地氣及景色，而休息站的落後，反而使我們彷彿回到小時候的台灣。路途雖然遙遠，一路牛羊路邊過，綠意滿山野，絲毫沒有無聊的感覺。中途在一間 Zarchi Ain 的緬

甸風味餐廳用中餐，餐點內容大家多可以接受。(圖 3-1)

圖 3-1. Zarchi Ain 的緬甸風味餐廳用餐前合照，大家頭上木樑掛著緬甸戲偶，都有標價準備賣。

這家餐廳屋頂木樑上懸掛著緬甸戲偶，做工精緻，具緬甸風格，比台灣的布袋戲偶大，都有標價準備賣。（圖 3-2）

圖 3-2. Zarchi Ain 木樑掛著緬甸戲偶之一，具緬甸風格。

一進入蒲甘，映入眼簾的就是大大小小，錯落有致的佛塔。（圖 3-3）蒲甘之名源自古緬甸語 Pukam，現在英語都稱呼它 Bagan。蒲甘被稱為緬甸的心臟，位於緬甸中部平原略為偏西的地方，也在貫穿緬甸南北的伊洛瓦底江和欽敦江匯合處的東岸。西元九世紀，也就是八四九年，蒲甘王朝定都於此，直到十三世紀。在十一世紀，蒲甘王朝還征服了周邊孟族等領地，建立了緬甸第一個統一多民族的王朝，領土範圍一度延伸到現在泰國的清邁和老撾。小乘佛教（後改為南傳佛教）也在這時候訂為國教，並廣建佛塔。

圖 3-3. 一進入蒲甘，映入眼簾的就是大大小小，錯落有致的佛塔。有些造型也很特別，像圖中這圓錐形的塔，彷彿近代人創造的火箭！（家祥提供）

3-2 佛塔盛名為禮佛，佛像尊容藏玄機

我們在蒲甘第一個參觀的是【瑞山多佛塔】(SHWE SAN DAW PHAYA)，以供奉珍藏在塔內佑庇古時候進貢的佛髮舍利為塔名，塔基四方，像馬雅文化的金字塔形，因為地勢較高，據說是欣賞日出或日落的絕佳之地。但是時間有限，我們沒有辦法等到日落，大家拍了照，證實到過此一遊就走。第二站是【大比紐佛塔】(THATBYINNYU PHAYA)，是蒲甘最高的佛塔建築，意指佛祖的無上智慧或般若。因時

間有限，我們也是瞻仰一下，拍拍照就走，佛祖的智慧大概無法深入體會。

【阿難達佛塔】(ANANDA PHAYA) 是重頭戲，小唐刻意要我們進去參觀。寺名可能來自於佛陀的十大弟子之一阿難尊者，也可能來自於和阿難尊者同名的緬甸孟族人，從斯里蘭卡習佛回國後所建。它是蒲甘的第一座大廟，也是最優雅美麗的佛教建築。(圖 3-4、3-5)

圖 3-4. 阿難達佛塔的外觀遠眺，佛寺壯觀，結構精緻。（家祥提供）

圖3-5. 阿難達佛塔的天井一隅，雖然超過九百年，仍然可以讓人感受到建築的美觀。(家祥提供)

佛塔內為四方對襯的建築，四個方位各有立佛一尊，高九．五公尺，被公認為蒲甘最莊嚴美麗的佛像，每尊姿態、相貌都不同，連佛陀手擺的位置及姿態也有別。有的近觀與遠眺感受的佛像表情，也有差別，如前面所言，它可能代表了不同的寓意。我們本來打算四尊立佛都照相留念，但是其中一尊參觀及禮拜的人太過於踴躍，光線也不佳，就沒照成。餘下三尊立佛的姿態、相貌及手勢都不一樣，仍值得一一瞻仰（圖 3-6、3-7、3-8）由於筆者佛學造詣仍然有限，此刻無法幫讀者深入解讀，只能大略概述！圖 3-6 可能是拘留孫佛，是過去七佛中的第四位佛；圖 3-7 可能是拘那含佛或迦葉佛，為佛教過去七佛中的第五位或第六位佛；圖 3-8 則是釋迦牟尼佛本尊。

圖 3-6. 阿難達佛塔內的一尊佛像，雙手輕鬆下擺，可能是拘留孫佛。(家祥提供)

圖 3-7. 阿難達佛塔內的另一尊佛像，雙手放胸前，腳踩蓮花座上，可能是拘那含佛或迦葉佛。

圖 3-8. 阿難達佛塔內的第三尊佛像，右手掌打開向前，左手掌張開朝上，相貌表情和前兩尊也有別，應該是釋迦牟尼佛本尊。

緬甸蒲甘王國國王江喜陀於公元一一〇五年興建阿難達佛塔時，四尊立佛就已經就位，但是目前只剩南、北兩尊的佛像是原造的，東、西兩尊毀於十八世紀大火後重建。設計者在廊壁上開有圓型天窗，使光線可照在佛面上，極具巧思。

接下來，小唐安排我們坐馬車遊蒲甘，車行經鄉間小道，除了村落，最多的就是大大小小的佛塔，令人印象深刻。（圖 3-9）

圖 3-9. 馬車穿越佛塔林立之蒲甘鄉間小道

團員對經過蒲甘的伊洛瓦底江，充滿好奇，一行人在江邊流連忘返一段時間，想感受這緬甸人的母親河，究竟有什麼魅力？筆者特別感謝家祥補捉到黃昏時刻的江面風光，除了明媚動人，其金色光澤，灑在寬廣的江面上，帶有幾分佛教的禪意。(圖 3-10)

圖 3-10. 黃昏時分的伊洛瓦底江，江面明媚動人，灑在江面的金光，也似乎帶有幾分佛教的禪意。(家祥提供)

本日最後的行程，是參觀建於西元一一六三至一一六五年間的【狄瑪揚意佛塔】(Dhamayan Gyi Temple)，為浦甘平原佛塔群最大的磚造佛塔，也是磚塔建築傑出的代表。(圖 3-11) 它的拱門造形獨特，佛塔內沒有突出的大佛像，但迴廊大氣，光影迷人。此塔最令人印象深刻的，恐怕是當時國王的嚴苛要求，磚與磚之間結合務必緊密，苛求沒有空隙，若磚塊之間的隙縫可以插進一根針，就砍斷工人手指。塔內現在還存放著當時的刑具，也是我們一團人走遍大大小小的塔或寺廟裡，極少數有殘忍、黑暗畫面的地方。

圖 3-11. 狄瑪揚意佛塔，雖然因國王的殘酷行為，令人印象深刻，但是做為浦甘平原佛塔群最大的磚造佛塔，也是磚塔建築傑出的代表，建築之美依舊迷人。(家祥提供)

當天晚上安排在名為南達(Nanda)的木偶劇場，享用緬國風味晚餐，並欣賞緬甸傳統表演，其戲偶有在圖 3-2 顯示過。由線來控制木偶動作，充滿異國風味，值得欣賞，但因不懂緬甸文，且線控動作靈活度不如台灣布袋戲，精彩的程度較不足。

3-3 飯店洋溢緬甸味，開國佛塔傳佛音

我們住宿安排 Royal Palace Hotel，洋溢著緬甸風味，外觀平實，非常不起眼。(圖 3-12) 中庭種植大棵帶青綠色棕櫚樹，搭配柚木曲橋迴廊及流水，很耐看。(圖 3-13) 房間舒適，最棒的是早餐，安排在二樓游泳池邊，視野好，天氣晴朗，可以看到遠處的熱氣球。浦甘因為地勢平坦，擁有兩千兩百座大小不一的佛塔，還有伊洛瓦底江風光，非常適合乘熱氣球觀賞。可惜我們時間有限，這回只好錯過了。

圖 3-12. 外觀平實不起眼 Royal Palace Hotel，洋溢著緬甸風味，房間舒適，團員都紛紛照相留念。

圖 3-13. Royal Palace Hotel 中庭種植大棵帶青綠色棕櫚樹，配上木質迴廊及流水，非常耐看。

早餐後，繼續前一天未完成的兩個佛塔行，我們首先到【瑞西貢佛塔】(Shwe Zigon Zedi Pagoda) 參觀，該佛塔有《開國之塔》稱號，是緬甸現代佛塔的原型，緬甸最著名的四大佛塔之一，不僅是浦甘地區最大的佛塔，同時還是浦甘塔群中唯一用石頭建築、充滿緬甸風格的四方對稱佛塔，上有一八角形平台連接鐘型塔，後來成為浦甘平原許多佛塔的建築範本。從團員在廣場上的照片，可以看出其廣大，這樣的大器模式似乎很早就形成（圖 3-14）

圖 3-14. 瑞西貢佛塔前部分團員合照，此塔有《開國之塔》稱號，是緬甸許多佛塔的建築範本，其大器模式似乎很早就形成。

塔高四十多米，周圍環繞五十三尊高大雕塑佛教動物，塔身周圍的建築也有特色，但是時間有限，無法細看。(圖 3-15)

圖 3-15. 主塔之外，瑞西貢佛塔的周邊建築也有特色，需要時間才能細細觀賞瞭解。(家祥提供)

圖 3-16. 瑞西貢佛塔其中一個亭子，供奉的佛像應該是佛陀年輕時候，還是悉達多太子時的樣貌，英俊、睿智又祥和。

塔的四面各有一銅亭，亭內各有一尊精美絕倫的佛像。像筆者照到的一個亭子，供奉的佛像應該是佛陀年輕時候，還是悉達多太子時的樣貌，看起來英俊、睿智又祥和！（圖3-16）

圖 3-17 瑞西貢佛塔一座亭子的柱子上掛老、病、死及沙門的塑像，令人感嘆世事無常，希望能像佛陀悟出佛理。

瑞西貢佛塔的天井，有一醒目的亭子，亭子的柱子上掛老、病、死及沙門的塑像，寓意佛陀年輕還是太子的時候，遇到人生、老、病、死無法解脫的問題，恰好碰到沙門中人，若有所悟，從此皈依此道，並創立佛教，解脫眾生老、病、死的苦惱。(圖 3-17)

在緬甸，隨時可以看到人臉上塗抹淡黃白色粉末：特納卡(Thanaka)，又稱黃香楝粉，是從緬甸當地的黃香楝樹幹研磨的粉，據稱有防曬、清涼、消炎、止疼、止癢、防止蚊蟲叮咬等作用。我們參觀完瑞西貢佛塔，在穿脫鞋處，筆者大姊正準備擦淨腳穿鞋，旁邊剛好有兩個可愛的小朋友（箭頭所指處）站在朱麗亞前，臉頰塗滿黃香楝粉，非常可愛。（圖 3-18）

圖 3-18. 瑞西貢佛塔穿脫鞋處一景，筆者大姊準備擦淨腳穿鞋，旁邊剛好有兩個可愛的小朋友（箭頭所指處）站在朱麗亞前，臉頰塗滿黃香楝粉，非常可愛。

最後一個蒲甘行程是建於十三世紀早期、紅磚砌成的【古彪基佛塔】(Kubyauk-gyi Hpaya Wetkyi-in)，雖然有精美的浮雕及壁畫，讚頌釋迦牟尼佛祖五百五十輪迴的動人事蹟，由於室內沒有照明，眾人迅速瞻仰一下就走，以趕赴下一個行程，一百八十公里外的曼德勒。

結束蒲甘之旅，筆者感觸良多，無論阿難達佛塔、狄瑪揚意佛塔或瑞西貢佛塔，都能傳承佛教上千年，而屹立不搖。但是多數佛塔，無論大小，多已經淪為讓人憑弔的古蹟，這令筆者想起唐朝詩人崔顥著名的《黃鶴樓》詩，其前四句是：「昔人已乘黃鶴去，此地空餘黃鶴樓。黃鶴一去不復返，白雲千載空悠悠。」場景換成蒲甘，再套用崔顥的名詩，就變成：「昔人已隨佛陀去，此地空餘千佛塔。成佛一去不復返，白雲千載空悠悠。」

內比都和蒲甘，剛好是緬甸新、舊對比的國都，但是對於佛教的用心，其實沒有很大的分別，一樣令人感佩！

第四章

舊時堂前曼德勒，佛光依舊耀古今

4-1

舊時堂前曼德勒，宮殿迎客話當年

從蒲甘驅車到曼德勒（Mandalay），剛開始要行駛鄉間小道，後面一段有高速公路。即使是鄉間小馬路，不時有柵欄攔住車子收費，應該是當地政府或中央政府所為，但是簡陋的設施，總讓我們有中國古早時代佔地為王，強徵過路費的感覺。蒲甘至曼德勒公路的休息站，非常簡陋，很像我們小時候省道旁的休息站。（圖 4-1）在我們旅遊其間，也是他們重要的供僧節慶，偶爾會碰到類似台灣廟會一般的活動，就在馬路邊唱歌跳舞，裝扮也不俗，但比起台灣廟會簡單樸素多了。

圖 4-1 浦甘至曼德勒公路休息站，非常簡陋，很像我們小時候省道旁的休息站。

圖 4-2. 車抵達曼德勒，第一個歡迎貴賓的，是圓環中間一個宮殿式的建築，非常醒目。

車抵達曼德勒，第一個歡迎貴賓的是馬路圓環中間一個宮殿式的建築，非常搶眼，也預告我們到了最後一個皇朝的首都！(圖 4-2) 從內比都到曼德勒，我們發現他們圓環中間的裝飾建築，相當富巧思，也很搭調。

曼德勒位於緬甸中部伊洛瓦底江畔，是曼德勒省省會，也是僅次於仰光的緬甸第二大城市。曼德勒是緬甸最後一個王朝─雍笈牙(Aung Zeya)王朝的都城，因背靠曼德勒山而得名。曼德勒乃一七五二年由緬族領袖雍笈牙在貢榜創建，故又名貢榜王朝 Konbaung Dynasty(一七五二～一八八五)。曼德勒巴利語意為「多寶之城」，乃敏東王(Mindon Min)一八五七年所命名。因緬甸歷史上著名古都阿瓦在其近郊，故旅緬華僑稱其為瓦城。曼德勒是上緬甸主要的商業、教育和衛生中心。據說一六五九年(明永曆帝十三年)，永曆帝流亡緬甸首都瓦城，被此區域的緬甸王莽達收留。於一六六一年夏曆十二月被送交吳三桂，於第二年（一六六二年）遭縊死。一八八五年英國發動第三次英緬戰爭，佔領曼德勒，國王錫袍(Thibaw Min)被俘，貢榜王朝滅亡。

如果將緬甸的浦甘，比喻中國的西安，曼德勒就相當於北京城，只是緬甸政府將首都遷移到內比都，使曼德勒更增添「舊時王謝堂前燕」的感覺！不過，進入市區，雖然建築物多平庸，但是看到兩個加油站的名稱，口氣都很大，一個自稱「亞洲能量」(Asian Energy)，另一叫做「紅色力量」(Red Power)，不禁莞爾！

上述招牌引用的字眼，難免被外人譏笑為井底之蛙，但是，當一團人來到第一站曼德勒皇宮時，我們笑不出來，因為進入城牆內的皇宮前，被他們寬廣的護城河給震懾了！(圖 4-3) 護城河的寬廣，遠遠超過北京圍繞紫禁城或西安圍繞古城樓的護城河，當然也超過其他國家像日本皇宮或大阪城的護城河，真的是前所未見。河的一邊是古城牆，遠處可以看到曼德勒山，我們團體傍晚時分就會登上去賞景。

圖 4-3. 曼德勒皇宮城牆外的護城河，其寬廣遠遠超過我們的想像。河左側是古城牆，遠處是曼德勒山。

城牆內的皇宮所占的地方，非常大，但是都被政府機構，包括軍隊佔用。我們參觀的皇宮，只佔用地的一小部分，雖然比北京的紫禁城小很多，依然相當可觀。舊皇宮二次世界大戰時被戰火摧毀，一九八九年，緬甸政府開始依據歷史圖片和資料，用當地柚木重建，恢復了八十九個主要大殿，一九九六年九月竣工並對公眾開放。

進入皇宮前，右側有鐘樓，造型讓人一看就清楚。但是在鐘樓的正對面，有一個建築，造型怪異，說實在地，還有點像台灣有錢人家的墳墓。當然，就像先前說的，緬甸沒有墳墓，何況在皇宮前，不會有如此煞風景的建築。定睛一看，前面牌子上有緬甸文及英文，後者寫「Relice Tower」，問了小唐才弄清楚是接待室，是臣子或外賓見國王前，等候的地方！（圖 4-4）

圖 4-4. 曼德勒皇宮城牆外的接待室，外觀有點像台灣有錢人家的墳墓，當然緬甸沒有墳墓，筆者差一點誤解，也真正應了吾人常說的：「不經一事，不長一智！」

要好好看整個曼德勒皇宮，建議先爬高三十三公尺、有一百二十一級階梯的瞭望塔，從塔頂瞭望，皇宮一覽無遺。這塔本身造型耐看，木製又螺旋向上，也是重要的一景！（圖 4-5）

圖 4-5. 曼德勒皇宮瞭望塔，木製又螺旋向上，非常特別，也是皇宮重要的一景！

圖 4-6. 從瞭望塔上，眺望曼德勒皇宮，比起北京紫禁城規模的確不大。

瞭望塔上，可以瞭望整個曼德勒皇宮，比起北京紫禁城，曼德勒皇宮的規模的確不大，有點委屈住在裡面的皇族！（圖 4-6）

圖 4-7. 團員準備進入皇宮博物館參觀，平實的結構，融入皇宮整體建築群。(家祥提供)

皇宮裡面有博物館，外觀不大又平實，恰好融入其他宮殿建築。(圖 4-7)

圖 4-8. 皇宮博物館的石磨，有八百年歷史，是用來將黃香楝樹幹研磨成粉的工具。

博物館展示當時皇帝、皇后的用品，品項不多，有點拮据。其中有一石磨，有八百年歷史，是用來將黃香楝樹幹研磨成粉的工具，可見緬甸人使用黃香楝粉歷史悠久。此石磨結構，和我們小時候鄉下磨米成米漿的石磨很像（圖 4-8）

圖 4-9. 博物館內一隻大又重的木傘，提供皇帝及皇后遮陽、避雨使用，從這麼多人聚集觀看，可見大家對它多麼地好奇！

有趣的是一隻又大又重的木傘，提供當年皇帝及皇后遮陽、避雨使用。雖然笨重，卻很吸引遊客的目光！（圖 4-9）

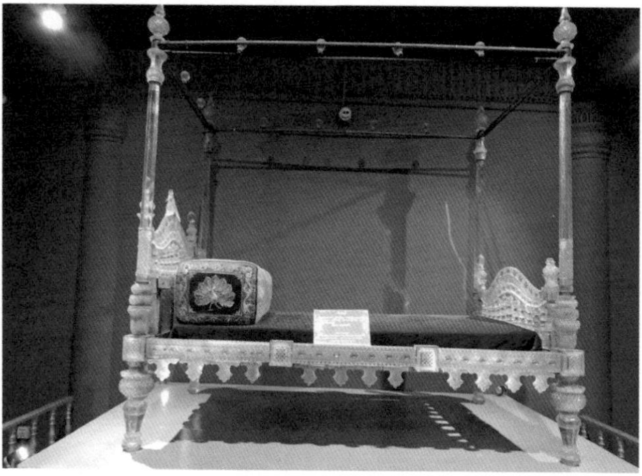

圖 4-10. 博物館內展示的琉璃床，雖然珠光寶氣，睡起來應該不會很舒服。

既然是皇家，當然有一些奢華的用品，包括一個金雕的床，和一個鑲著珠寶玉石的琉璃床。兩者雖然金碧輝煌，也充滿著珠光寶氣，但說實在地，裝飾性遠遠超過實用性。（圖 4-10）

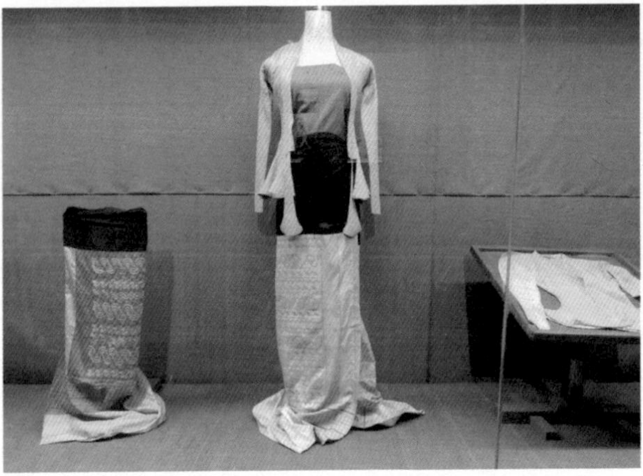

圖 4-11. 當年皇后穿的衣服，具緬甸風格，也相當素雅。

筆者特別注意到一套皇后穿的衣服，不僅具緬甸風格，外觀素雅，顏色搭配也得宜，應該是家常服，超過一百三十年以上的歷史，相當令人矚目。(圖 4-11)

在皇宮裡仍保留最後一任皇帝錫袍 (Thibaw Min) 及皇后的塑像，供緬甸人瞻仰留念。(圖 4-12) 一八八五年，英國入侵緬甸，攻佔首都曼德

圖 4-12. 曼德勒皇宮內，錫袍皇帝與他的皇后塑像，是緬甸人緬懷他們的地方，也是他們難忘的心頭痛楚。圖中可見緬甸一家人，恭敬地在皇帝、皇后塑像前留影。

勒。錫袍被囚於王宮之中，於一八八六年一月一日，緬甸正式成為英屬印度的一個省後，錫袍與他的皇后和子女們被帶往印度西邊的勒德納吉里小鎮，遠離家鄉，還在那裡度過了悲慘的餘生。

我們參觀的下一站是【柚木寺】又稱【柚木宮殿】，曾是貢榜王朝敏東王和王后的寢宮，也是敏東王駕崩之地。繼任者錫袍王為避諱，將整座建築搬到了現在的地方，放入佛像，將其變成了一座寺院。為十九世紀緬甸柚木建築及雕刻藝術的巔峰之作。歷經一五〇多年的風雨滄桑，金漆脫落，柚木變成了深褐色，只有大殿裡的佛像經過修繕還是金裝。（圖 4-13）

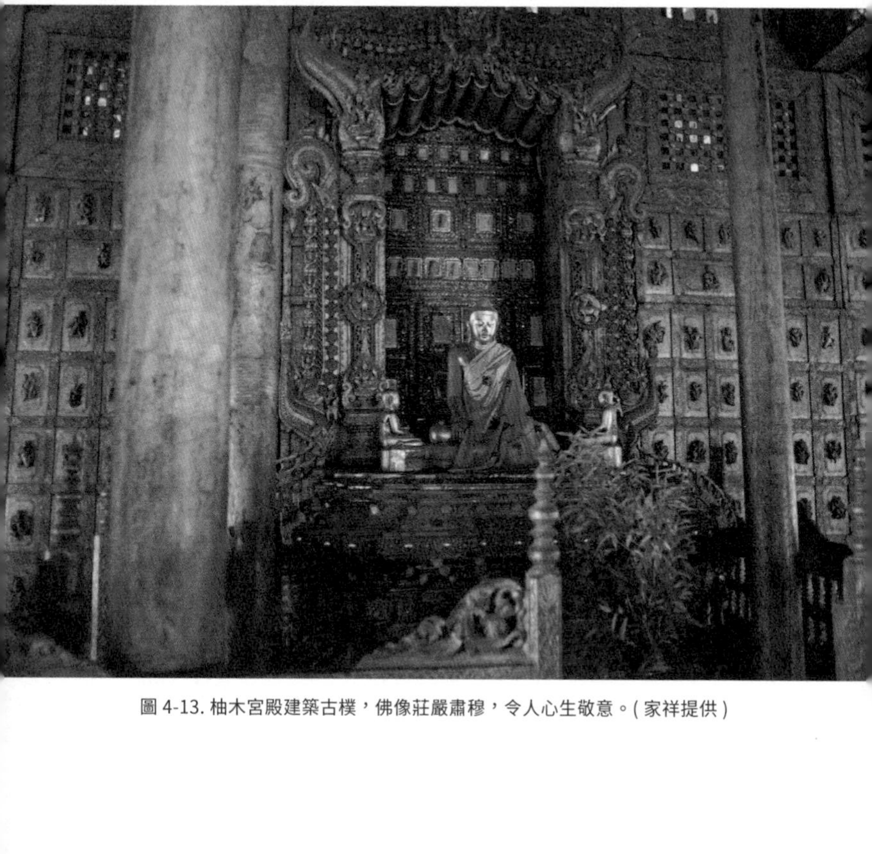

圖 4-13. 柚木宮殿建築古樸，佛像莊嚴肅穆，令人心生敬意。(家祥提供)

圖 4-14. 柚木寺內，如上面兩尊生動的人物雕像，隨處可見。

整個柚木宮殿建築外觀遍布精美繁複的木質鏤空雕刻和人像浮雕，尤其「小木人」，一個個生動活潑，唯妙唯肖。(圖 4-14)

4-2 經書亭中藏智慧，遊客登山野茫茫

【庫克多佛塔】(Kuthodaw Pagoda) 建於一八五九年，佛塔四周圍繞著七二九座白色的經書亭，每座亭內有一塊石碑，每碑刻有佛經一章，石碑上經文有除了緬文外還有古老的巴利 (PALI) 文，為敏東王所建。據估計，這些經文若以一個人一天念八個小時來計算，要四百五十天才能念完全部的經文。二〇一三年被聯合國列入世界文化遺產，有刻文 Maha Lawkamarazein or Kuthodaw Inscription Shrines 留念，

享有世界最大書本 (The World's biggest book) 之美譽。我們身處其中，感覺自己的渺小。(圖 4-15)

圖 4-15. 團員在庫克多佛塔一排經書亭前合照。

尤其我們這一團在傍晚時分抵達這裡，置身眾多經書亭中，遠近眺望，彷彿闖入佛教迷宮，更添增遊客天蒼蒼、經海茫茫的感覺！(圖4-16)

圖 4-16. 傍晚時分，置身庫克多佛塔眾多經書亭中，宛如闖入迷宮，更添遊客天蒼蒼、經海茫茫的感覺！

圖 4-17. 深入到庫克多佛塔中心，要經過的長廊，其深邃又豐富的結構令人刮目相看！（家祥提供）

有趣的是，若要進一步深入到庫克多佛塔的中心，就要經過一個長廊。（圖 4-17）這長廊在緬甸很多具規模的佛塔或佛寺都有。長廊既長又深邃，益發彰顯佛塔佔地之廣，令人刮目相看！長廊本身的結構與裝飾，也各具特色。

圖 4-18. 搭嘟嘟車上曼德勒山，過程雖然辛苦，下車時還是覺得好玩，女團員們都開心笑了。

傍晚趕上曼德勒山，由於山路狹小，我們搭的遊覽車上不去，只能坐小型貨車改裝的嘟嘟車上山，因為擁擠、坐板凳椅，又不是很舒適，大夥笑稱搭運豬車上山。即使如此克難，大家下車時還是很高興。(圖 4-18)只是當時不曉得，第二天還要再搭一次嘟嘟車，來回還坐了兩個半小時！

圖 4-19. 曼德勒山上，視野遼闊，可以看到近端曼德勒城及遠處的伊洛瓦底江。（家祥提供）

曼德勒山高二百三十公尺，有石階、電梯和電扶梯直達山頂，是眺望整個曼德勒地區最好的景點，當然還可以遙望伊洛瓦底江。傍晚景色非常優美，遊客絡繹不絕，只可惜當天有雲遮住夕陽，無法充分展現曼德勒的萬種風情。但是視野遼闊，依然可以看到近端曼德勒城及遠處的伊洛瓦底江。（圖 4-19）

山頂寺廟串聯八座佛塔，供奉的佛像，也十分令人矚目，尊敬，

但是多數遊客被外面風景吸引，能誠心禮佛的，應該多是當地人。（圖4-20、4-21）

圖 4-20. 曼德勒山上的佛塔群，豎立在山上，可以俯瞰曼德勒。(家祥提供)

圖 4-21 曼德勒山佛像之一，慈祥又親和力十足。(家祥提供)

飽覽風景後，就到金鴨子餐廳飽食一頓，之後當然是住宿酒店，而且希望一夜無話、一夜好眠。只可惜貴為緬甸第二大都市的曼德勒，旅行社安排的玉林酒店 (Yi Link Hotel)，設施實在欠佳，位在市中心，隔音也差，勉強過一夜。和第二天晚上住宿在仰光的樂天飯店，實在有天壤之別！

4-3 佛要金裝在人為，信眾織布真佛心

第二天在曼德勒的行程，也非常精彩。第一站參觀的【馬哈木尼佛寺】(Mahamuni Buddha Temple)，據說年代可追溯到西元前一世紀。其高達三．九公尺的青銅坐佛，也據說是佛陀的化身，臉型和佛祖一模一樣，但因為太受緬甸人的崇拜，天天有信徒在身上貼金，佛身早已臃腫，不復當年。Maha譯成摩訶，是大的意思，通常和般若（智慧）連在一起。muni是聖者或寂靜、靜修的佛陀的意思，Mahamuni佛當

然指的是成道且擁有大智慧的佛陀，能度化眾生，成為緬甸人最尊崇的佛像。原因除了前述，據說此寺實際建於一七八四年，一八八四年曼德勒大火，寺廟燒毀，但是此佛像金身無損，增添祂的神奇威力。每天湧入無數善男信女跪地膜拜唸經祈禱。因為只有男信眾能為佛貼金箔，眾多虔誠的女信眾席地而坐，其仰慕佛陀旨意的心，令人感動。（圖 4-22、4-23）

圖 4-22. 馬哈木尼佛寺，虔誠的女性眾席地而坐，膜拜、仰慕佛陀的旨意。遠處男信眾前仆後繼地忙著為佛貼金箔！

圖 4-23. 此近照清楚地顯示男信眾忙著在佛像身上貼金。(家祥提供)

馬哈木尼佛寺含八十座白塔和一座主塔，佔地非常廣大。內容也非常豐富。畫廊上面有圖畫顯示緬甸佛教歷史，我們無法細看，但是對她們女信眾就在寺廟內紡紗織布，供僧袈裟的舉動，感到好奇也很感動。

（圖 4-24、4-25）

圖 4-24. 馬哈木尼佛寺內一角，有女信眾就在寺廟內紡紗織布，以供僧袈裟，圖中所示咖啡色的布給男僧侶用，在緬甸女僧侶穿粉紅色外裝，內襯紅色底裙。

圖 4-25. 馬哈木尼佛寺內一角，家祥提供的照片顯示眾多女信眾在寺廟內紡紗織布，以供僧袈裟。

當然，在這充滿佛光的馬哈木尼佛寺，全體團員無異議地在佛寺天井合影留念。（圖 4-26）

圖 4-26. 全體團員在馬哈木尼佛寺廣場一角，留下禮佛後的身影。

4-4

俗人情牽烏本橋，信眾佈施有功德

我們下一個行程是橫跨依洛瓦底江支流 Taungthaman 河的【柚木大橋】，該橋樑是 Amarapura 市長烏本（U Bein）於一八五〇年左右所建，又名烏本橋。全部由柚木所建成，全長一千兩百多公尺，已經屹立兩個世紀之久，是兩岸居民往來的重要橋樑。（圖 4-27）

圖 4-27. 柚木大橋實景，遊客眾多。(家祥提供)

柚木大橋橋面雖不工整，橋墩也高低不一，但是情人散步其上，能發思古之幽情。長橋延綿，也很適合漫步並不斷地訴說情話，尤其傍晚時分應該相當地詩情畫意，稱之情人橋，實當之無愧！（圖 4-28）

圖 4-28. 柚木大橋橋下的渡船實景，經過暖色處理後，彷彿是傍晚時分，搭配延綿一點二公里的長橋，相當地詩情畫意。(家祥提供)

此橋在我們團員參觀時，橋底下養了很多鴨子，令筆者想到一九六五年由李行導演，葛香亭與唐寶雲主演的電影《養鴨人家》（圖 4-29）

圖 4-29. 柚木大橋橋底下，遠處水塘，鴨子成群戲水！

柚木大橋橋底下水深處還有人撒網捕魚(圖 4-30)。在一條長橋下，竟然有這麼多農、漁業相關的活動，田園風光，無疑地讓遊客飽覽並盡收眼底！

圖 4-30. 柚木大橋橋底下，漁民撒網捕魚。

圖4-31. 柚木大橋到千人佛學院路邊，可以看到有人以瓷器罐子奉茶，免費供人解渴，沒有免洗杯子，也許有衛生方面的疑慮，但是善意十足。

柚木大橋距離下一站【千人佛學院】很近，我們信步走過去，路邊可以看到有人以瓷器罐子奉茶，免費供人解渴。(圖 4-31) 在我們小時候，寺廟或很多公共場所，多有類似設施，現在都被飲水機或自購瓶裝水取代。這樣的善行，也是另一種佈施的活動，在台灣已經看不到了。

圖 4-32. 千人佛學院，信徒佈施千名和尚餐點的場景。

千人佛學院是著名的佛學院，公開讓人了解佛家的生活情形，並在每天早上十點一到，上千名和尚排成長隊依序領信眾供奉的飯菜以及其他貢品。緬甸的善男信女認為佈施和尚是件大功德，所以每天都有信徒佈施千名和尚的餐點和餐費。(圖 4-32)

我們雖然無法了解細節，但是施與受間的長久默契和行動，不僅在這裡天天上演，在整個曼德勒市區及郊區，也隨處可見！例如車子經過一處郊外地方，看到一群小女沙彌頭頂供品，赤腳走過崎嶇不平的路邊，似乎還在乞食，令人萌生惻隱之心，也樂於佈施。（圖 4-33）

圖 4-33. 小女沙彌頭頂供品，赤腳走過崎嶇不平的路邊。

4-5 奶油佛塔藏真情，敏貢遺址現天真

離開【千人佛學院】，吃完午餐，若按照原訂行程，應該搭船前往位於曼德勒以北十一公里伊洛瓦底江上游，參觀【敏貢古城】。但是旅行社臨時說沒有訂到船票，只能搭遊覽車去。由於時間還充裕，大家也不計較了，沒想到車走不到五分之一路程，就被前方塞車堵住。司機只好調頭。為免掃興，小唐靈機一動，又找來一輛嘟嘟車上路，繞過原來塞車的大路，走崎嶇不平又狹小的山路。大家雖然不高興，也只好將就。

最難為的是多我們幾歲的林教授，也屈就前往。一團人擠一部小車，坐板凳椅又不是很舒適，來回還坐兩個半小時！真的是一輩子都不會忘記的經驗。

所幸及時趕到，第一站參觀【仙比梅佛塔】(Hsinbyume Pagoda，又稱 Myatheindan Pagoda)，若按照意譯為白象佛塔，為緬甸貢榜王朝實皆王巴基道（Bagyidaw，一八一九年～一八三七年）為了紀念他因難產逝去的第一任妻子仙比梅公主（英語：Hsinbyume princess，白象公主，一七八九年～一八一二年）而興建，於一八一六年完成。原塔於一八三六年的大地震中受到嚴重破壞，現存的佛塔是一八七四年由緬甸敏東國王仿舊塔型式修復重建。整塔通體成乳白色，圓形的寶塔仿造佛教中須彌山的形式而建，塔身分為三層，最獨特的是第一層底座，四周從下至上環繞著如同海浪一樣的七層塔基和象徵高山的七層小塔，佔地很廣，人處於海浪一樣的七層塔基和象徵高山的七層小塔中，顯得渺小。(圖 4-34)

二層及三層則開始按照普通佛塔的形狀進行建照，佛塔第三層裡恭奉著佛像，供信眾參拜。遠遠望去，仙比梅佛塔就像是一個巨大的奶油蛋糕，

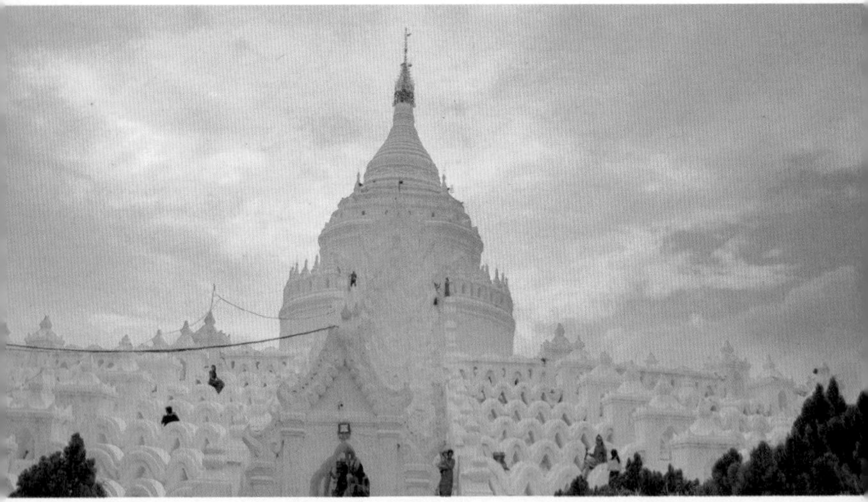

圖 4-34. 仙比梅佛塔為圓形結構，佔地很廣，人處於海浪一樣的七層塔基和象徵高山的七層小塔中，顯得渺小。(家祥提供)

因此也被大家稱為奶油佛塔。(圖 4-35) 據說這裡是緬甸占星術占卜出的世界中心。

這乳白色佛塔不僅在金色佛塔充斥的緬甸顯得非常獨特，連建塔的故事背景和印度的泰姬瑪哈陵 (Taj Mahal)，也非常類似！泰姬瑪哈陵是蒙兀兒王朝第五代皇帝沙迦罕為了紀念他死去的第二任妻子而興建。也一樣是白色大理石建

圖 4-35. 團員在仙比梅佛塔第二層的廣場合影。

成。當然，後者佔地比較大，也是比較出名的清真寺建築。泰姬瑪哈陵於一六五三年建成，比仙比梅佛塔早一百六十三年。巴基道國王是否曾經參訪泰姬瑪哈陵，從中得到靈感，也一樣用白色大理石建佛塔，訴說他們潔白純淨的一段夫妻緣，有待讀者去深入瞭解體會了！

【敏貢大鐘】是世界上尚在使用最大的鐘，高八米，直徑五米，重九十噸。和一般人的比例，從相片中可以看出。(圖 4-36) 由於時間緊迫，眾人照相留念後就走，趕赴【敏貢佛塔】(Mingun Pahtodawgyi Pagoda)。

圖 4-36. 敏貢大鐘的大小，從和方醫師、林教授，以及旁邊其他遊客的比例，可見一斑。此處人潮較多，有膽的人敢鑽到鐘裡面瞻仰一番。

敏貢佛塔是緬甸貢榜王朝第六任國王波道帕耶（一七四五年～一八一九年），又稱孟雲國王，為他皇后建造的一座未完成的佛塔，是世界上最大的磚造建築之一。因工程浩大，經歷了十一年，整個建築卻只完成三分之一。一八三八年巨塔在一次大地震中損壞，塔身震開了一道裂痕。雖然未完成，但她仍然是緬甸最大的古塔遺址，除大門為白色外，整個建築為濃重的磚黃色，如果按當時的建築規畫，塔身將達一百六十米高，比仰光大金塔還高四十八米，可以比擬埃及金字塔。（圖4-37）

圖 4-37. 正面看敏貢佛塔，雖然未完成，仍然大得驚人！

很讓筆者感慨的，是團員下車參觀敏貢佛塔時，經過的路邊，剛好有赤身裸體的小朋友在嬉戲，一副天真無邪的模樣，只有在我們小時候的鄉下看得到。(圖 4-38) 現代人從出生那一刻起，緊緊地被衣服包裹的文明，早已失去天真爛漫！

雖然嘟嘟車之旅，搭車過程令人不快，但是能夠及時完成所有景點的參觀，並搭上 Air Thanlmin 的國內班機，趕到最後的景點—仰光，大家還是非常高興。

總結這一段行程，不免令筆者想起唐朝詩人劉禹錫的名詩《烏衣巷》；「朱雀橋邊野草花，烏衣巷口夕陽斜。舊時王謝堂前燕，飛入尋常百姓家。」我們套用其中四個字，演變成「舊時堂前曼德勒，佛光依舊耀古今」，當作曼德勒之旅的註腳！

圖 4-38. 團員到敏貢佛塔時，經過的路邊，剛好有赤身裸體的小朋友在嬉戲，孩子的父母在旁邊開心地觀看。一副天真無邪的模樣，只有在我們小時候的鄉下看得到。

第五章

國門深鎖如閨秀，紅顏驚豔是仰光

5-1 茵雅湖畔樂迎曦，玉佛、臥佛透心扉

我們第一天從仰光機場進入緬甸國門，除了吃一餐，逛一下翁山市場，對仰光的印象不深，只覺得開發有限，綠地很多，有花園城市美名。從曼德勒回來，已經是晚上，匆匆在鄉緣閣用完晚餐，即回到即將住宿兩晚的樂天酒店 (Lotte Hotel)。該酒店是韓國樂天集團於二〇一七年九月在緬甸仰光茵雅湖 (Inya Lake) 西邊推出的渡假酒店及服務式公寓。由於幾天下來的舟車之勞，加上前一夜在曼德勒的飯店實在糟糕，大家

一進入樂天酒店大廳，就很興奮，彷彿回到文明世界該有的高級享受！

一夜好眠固不用說，第二天用早餐的地方在地下一樓，餐廳大、美食多，也令人食指大動。但真正令我興奮的，應該是它毗鄰風景如畫的茵雅湖。清晨用餐時，還能享受優美湖景的飯店不多，樂天酒店在茵雅湖西側，早晨的光線透過湖面傳來，格外耀眼！在吃早餐的餐廳外面就是游泳池，隔著一條綠帶，種植有特色的植物，再過去就是風光明媚的茵雅湖，互相襯托出浪漫的南洋風味。喜歡湖景的朋友，一定會和筆者一樣興奮！（圖 5-1）

圖 5-1. 樂天酒店緊鄰茵雅湖，在吃早餐的餐廳外面可見游泳池，再過去就是風光明媚的茵雅湖。

飽食之後，就是一天緊湊的遊覽行程。第一站是【樂伯幕尼佛寺】(Kyauktawgyi Pagoda) 又稱白玉佛寺。白玉佛高三十七英尺、寬二十四英尺、厚十一英尺，此號稱世界最大的白玉，原石產於曼德勒城馬德雅山區，總重為六百七十噸，二〇〇〇年從瓦城經依洛瓦底江運抵仰光，數十位工匠嘔心瀝血歷時三年多，方雕琢完成。白玉佛寺在山丘上，要經過的一條往上爬的長廊，才可以瞻仰白玉佛（圖 5-2）。和圖 4-17 庫克多佛塔長廊對照，都各有建築特色及裝飾，很值得細細品味。

圖 5-2. 白玉佛寺在山丘上，要經過的一條往上爬的長廊，才可以看得到佛像。

白玉佛得來不易，所以用玻璃罩住，信眾只能隔玻璃瞻仰佛像。（圖5-3）一尊大佛已經得來不易，當然就沒有第二尊，所以這寺也是馬哈木尼佛寺之外，少數只供奉一尊佛像的佛寺。

圖 5-3. 白玉佛用玻璃罩住，信眾只能隔玻璃瞻仰，仍然可以感受佛像的莊嚴。(家祥提供)

白玉佛對出去的廣場上，豎立一尊苦行僧模樣，且真人高度的佛像，對著白玉佛，到底有什麼寓意，筆者猜不透，有待讀者化解。（圖 5-4）

圖 5-4. 白玉佛對出去的廣場上，豎立一尊苦行僧模樣的佛像，對著白玉佛，意義為何，有待大家化解。

圖 5-5. 在皇家白象園中的白象，通體近膚色而不是純白。供參觀時，腳有鍊子束縛，放養時鍊子會拿掉。

【皇家白象園】是第二站。

白象在緬甸歷來被視為神聖之物，象徵著君主聖明、國家昌盛，長久以來被視為鎮國瑞獸，只有國王才能擁有白象，白象就是國王的坐騎。其實，白象不是真正白色，只是通體顏色比較淡而偏膚色。（圖 5-5）

【佛牙塔】(Swal Daw Pagoda or Buddha Tooth Relic Pagoda) 顧名思義就是供奉著佛牙而建的佛塔。很意外地，此塔一九九六年才建造完成，是仰光最新的一座塔，其金碧輝煌又亮麗的外觀，非常引人注目。(圖 5-6)

圖 5-6. 佛牙塔新穎亮麗的外觀，非常吸睛。(家祥提供)

塔內據了解供著由北京請來暫放的一顆佛牙，將來還是要還的。塔內空間非常大，四方來儀的人絡繹不絕，卻不會顯得擁擠。我們參觀時，還看到老師帶著一群學生，席地而坐，在佛陀面前講解佛經，效果應該很好。（圖 5-7）

圖 5-7. 在偌大的佛牙塔內，看到老師帶著一群學生，席地而坐，在佛陀面前講解佛經，效果應該很好。

【喬達基臥佛寺】(Chaukhtatgyi Pagoda) 供奉緬甸最大的臥佛像，始建於一九五三年，使用大量緬甸玉建成大臥佛。臥佛長二十米，高五．四米。其奇大無比的一雙腳板上雕滿了一百零八個圖案，隔出五十九個人的世界、二十一個動物世界和二十八個神的世界。這些圖案象徵天地萬物盡在其腳下，代表佛遠遠超脫這三層世界，亦代表人有一百零八次輪回。臥佛眼睛由玻璃鑲嵌而成，特別美麗且炯炯有神。臥佛右手輕輕托著頭部，眼睛慈悲地注視芸芸眾生，令人感到佛陀透徹心扉的關懷。(圖 5-8)

圖 5-8. 喬達基臥佛右手輕輕托著頭部，眼睛慈悲地注視芸芸眾生，年輕、英俊、灑脫，也彷彿透徹信徒的心扉，很耐人尋味。(家祥提供)

5-2 緬人支柱大金塔，信眾擁入獻熱忱

【瑞德貢大金塔】(Shwedagon Pagoda) 應該是緬甸最具代表性的佛塔，又稱仰光大金塔，因為高度一百一十二米又聳立在一座小山丘上，讓任何人在仰光市區任何一處地方，只要一抬頭就能看到它，是當今世界上最高的佛塔，也可以說是緬甸國家標誌及緬甸人民的精神支柱。人氣之旺，令人難忘。

也因為太出名，傳說此塔在二五〇〇年前佛祖死前（西元前四八六

年）就已經建成，然而考古學家相信此塔是由孟族在西元六世紀至十世紀所建成的。該佛塔日久失修，直至一三〇〇年中由勃固王頻耶陀努(Binnya U)重建該塔至十八米高，其後經過多次重建，直到十五世紀，塔的高度才達到九十八米。佛塔在多次地震中遭受破壞，現在的塔頂是由貢榜王朝的白象王辛標信(Hsinbyushin)所建。辛標信在一七六七年率軍攻下暹羅首都，將奪取的黃金帶回仰光，至少部份黃金用來鋪陳在大金塔上。而大金塔新的塔尖則在一八七一年英國入侵南緬後由緬甸王敏東捐贈建立。大金塔塔身所鋪的七噸純金箔，多數仍是由緬甸上下各階層的人捐贈出來的真正的金塊，覆蓋在磚石結構上。塔頂上鑲滿鑽石及各色珠寶多達七千四百多顆，塔周圍環立六十八座小塔圍擁著大塔而形成金色塔林。

圖 5-9. 大金塔西側門入口的兩座大獅子，雄赳赳的樣子，非常醒目，門外兩部車上，放置類似台灣迎神的陣頭配備。

由於結構龐大，人又多，故遊客分散由東南西北四個門出入。由西邊門口進門前，座落在門口兩側大獅子塑像，非常醒目。(圖 5-9) 事實上，我們參觀過的佛塔或佛寺，包括瑞西貢佛塔等，門口都有大獅子塑像。

緬甸地廣人稀，除了像曼德勒山或者千人佛學院這樣的景點，以及著名的佛塔或佛寺，比較有人氣，其他地方比較難看到

圖 5-10. 大金塔人潮，足以讓遊客們嘆為觀止！（家祥提供）

擁擠的人潮。因此面對大金塔裡裡外外川流不息的信徒及遊客，依然會令人嘆為觀止！(圖 5-10)

讓我們感動的是，即使人潮洶湧，仍可以看到很多善男信女就在戶外席地而坐，虔誠地向佛禱告！（圖 5-11）

圖 5-11. 瑞德貢大金塔廣場非常大，即使人潮洶湧，仍可以看到很多善男信女就在戶外席地而坐，虔誠地向佛禱告！

圖 5-12. 小唐講解佛教博物館的文物，娓娓道來，唱作俱佳！

塔旁有【佛教博物館】，擁有完整佛教歷史古物、法器、高僧舍利子及佛經。內容非常豐富，從小唐引經據典、唱作俱佳的講述，可見一斑！（圖 5-12）

大金塔的確大，要逛完一圈也挺累人。在小唐講解佛教博物館的文物後，大家找到一處像戲台一樣的地方，坐下來稍事休息，當然也因此捕捉到機會，一起露出難得一見的光腳！（圖 5-13）

圖 5-13. 要逛完一圈大金塔的確累人，大家找到地方坐下來稍事休息，也一起露出光腳。

大金塔擁有的文物，令人嘆為觀止。即使隨便逛逛，都可以撞見佛教經典裡描述的神獸。佛經中《天龍八部》的神獸之一「迦樓羅」（金翅鳥，一切鳥中之王），也就是《西遊記》中的「大鵬金翅鵰」，也在路邊柱子上眺望路人。（圖5-14）

圖 5-14. 佛經中的神獸之一「迦樓羅」（金翅鳥，一切鳥中之王），也就是《西遊記》中的「大鵬金翅鵰」，也在路邊柱子上眺望路人。（藍色箭頭所指處）

5-3 佛學聽講有廣告，金色餘暉話別離

相較於大金塔，位於仰光河畔，於西元一九四九年重建的【波德通寶塔】（Botahtaung Pagoda），規模就小多了。在前往波德通寶塔的車行路上，筆者注意到、也拍到一個廣告看板，雖然不是很清楚，一看就知道是佛門中的人。小唐說他們都是高僧，主動廣告請大家免費去聽佛學，讓筆者感動。（圖 5-15）

圖 5-15. 路邊廣告看板，主動廣告請大家免費去聽佛學，令人感動。

波德通寶塔的塔內採玻璃鏡面裝飾，令人目眩神迷，有八卦型走廊，又名八角迷宮。壁龕內供奉有佛祖遺物，除了佛髮一根、舍利子兩顆，還有很多佛教相關器皿及物品。在佛牙塔 (Buddha’s Tooth Relic Pagoda) 內，放置極少數可以近觀的佛牙。這也是筆者第一次看到，非常難得。(圖 5-16)

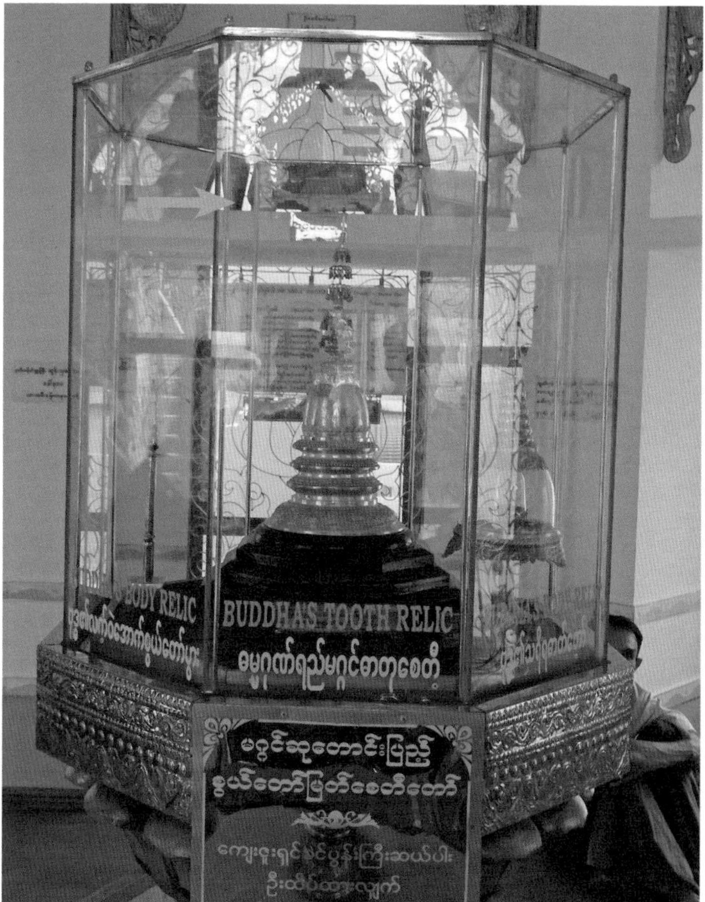

圖 5-16. 在玻璃櫃子內，尖塔形金色支柱的頂端，黃色箭頭所指處，為八角迷宮佛牙塔供奉的佛牙。

只因對緬甸人有求必應，此佛塔名聲依舊響亮，裡面文物不少，值得一探究竟！從八角迷宮出來後，小唐招待大家喝緬甸椰子水，也別有一番風味。

因為時間運用得當，我們還有時間逛百貨公司，小唐帶我們到翁山市場斜對面的 Junction City。第一天到緬甸逛翁山市場時，曾信手照了該百貨公司的外觀，當時只是好奇照下來留念，萬萬沒想到還有機會進去逛。一進門才發現這是很大又新穎的百貨公司，規模不輸台灣的大型百貨公司。(圖 5-17) 很重要的是，小唐不推銷任何東西，在路上採購玉石之外，我們需要的伴手禮如緬甸奶茶、咖啡、餅乾等，都可以在裡面買個夠，自然地人人都心滿意足！

圖 5-17. 大姊姊夫在 Junction City 合影。此大又新穎的百貨公司，讓一團人可以盡興採購伴手禮！

如果要選個地方，做為這次旅遊 happy ending 的景點，既能賞景又能享受晚餐，還可以看緬甸民俗舞蹈表演的話，則皇家湖、翁山公園(Royal Lake · Bogyoke Aung San Park) 內的皇家湖鴛鴦石龍船自助餐加上緬甸民族舞蹈秀表演，當然是上選。傍晚時分到這個為紀念緬甸國父翁山將軍設立的公園，風景美不勝收。透過湖面反射的金光，以及遠方的仰光大金塔，和偶而飛過的鳥，構成一幅令人難忘的風景圖，正有唐朝詩人王勃在出名的【滕王閣序】詩中一句「落霞與孤鶩齊飛 秋水共長天一色」的意境！。(圖 5-18、5-19)

圖 5-18、19. 上下兩幅家祥照的圖，經暖色處理，有「落霞與孤鶩齊飛 秋水共長天一色」的意境！

圖 5-20. 全體團員在皇家湖邊留下滿足的合影，在右側是皇家湖鴛鴦石龍船，遠處噴水池對過去的地方，可以看到大金塔。金色佛國之旅，在金色餘暉中，留下難忘的鏡頭。

團員們詩興大發，拼命捕捉這難得的美景，當然也不忘留下一張大合照。（圖 5-20）

皇家湖鴛鴦石龍船於六點開放進場前，在進門走道兩側，擺設兩三個小攤子，供應緬甸小點心，讓遊客等候進場前，不會餓肚子。這些小點心味道不錯，即使在外面等候，也不會無聊，團員們也趁機擺姿勢留影。（圖 5-21）

圖 5-21. 皇家湖鴛鴦石龍船前，四美加一俊男準備進場，看來都很享受這一刻！

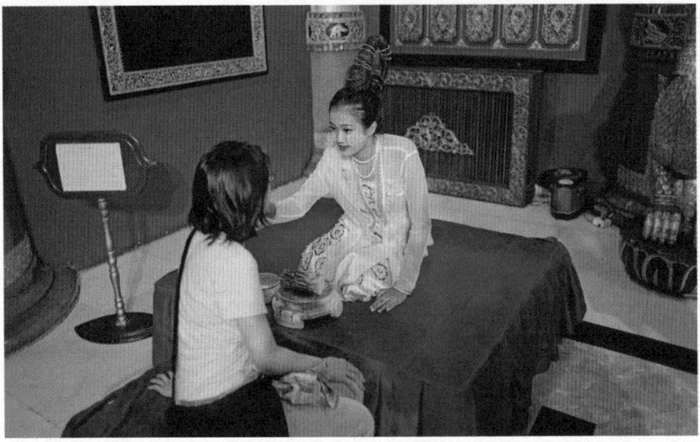

圖 5-22. 美女服務員幫美女團員化妝，女為悅己者容，在此留下註腳！

皇家湖鴛鴦石龍船有一貼心服務，由美女服務員幫美女團員化妝，塗上黃香楝粉，在女為悅己者容下，自然地相得益彰！（圖 5-22）

皇家湖鴛鴦石龍船自助餐很豐富，緬甸木偶戲及民族舞蹈秀表演，雖然不是上乘，也算精彩。尤其女藝人的曼妙舞姿，演活緬甸傳統舞藝，也為這次旅遊劃下完美句點！（圖 5-23）

圖 5-23. 皇家湖鴛鴦石龍船女藝人的曼妙舞姿，演活緬甸傳統舞藝，也為這次旅遊劃下完美句點！

第六章

除卻巫山不是雲
曾經緬甸樂佛緣

緬甸之旅，實在是讓所有團員沐浴在南傳佛光之旅！不管信不信，或同意、不同意，這趟旅程，讓我們見識到南傳佛教很多做法，和我們從小接受的漢傳大乘佛教非常不一樣！除了只信奉釋迦牟尼佛，也遵行非常環保的禮佛方式，我們也注意到所有的佛像，無論多大，都供奉在塔或寺廟內，而且多兼顧四方，方便四方信眾禮佛。信眾在大廳裡面，不愁風吹、日曬、雨淋，要和佛陀交心多久都可以，多不會妨礙他人禮佛。由於大廳非常寬廣，因此可以看到整班學生在老師帶領下，面對佛祖席地而坐聽講的場面；當然也可以看到情侶找一面佛像，對著祂訴說衷情；如果要像基督教或天主教一般向牧師或神父告解，緬甸寬廣的塔或寺廟大廳或廣場，隨地都可以找到靜謐的角落，向佛傾吐自己的心聲。因為這樣的設計，佛陀就像家裡的長輩，可以面對面傾訴自己的委屈。

雖然塔或寺廟外面也會播放梵唱，但是多數塔或寺廟內非常肅靜，沒有我們敲木魚的聲音。就算讀經文，也是輕聲細語。在一片靜穆祥和的氛圍下，反而容易和佛祖打交道！寺廟沒有燒香、燒金紙，沒有人供佛牲禮，少了環境污染的困擾，也讓寺廟更容易保持潔淨，更能減少火燭之災。

相反地，在漢傳大乘佛教國家，常常可以看到大大的一尊佛像放在戶外，雖然能像燈塔一般，指示信眾正確的方向；也可能有鎮靜人心的作用，但是對於一般民眾，仍然有隔著一段距離，遙不可及的感覺。而且風吹、日曬、雨淋，對尊敬的神像是不是適當，也值得討論。重要的是，真正讓信眾可以近距離膜拜的佛祖，一般只有在大雄寶殿內，而且多數場合只有一尊，空間也有限，多數人只能燒香、拜完就走，無法多一點時間逗留。而且多數寺廟允許上香，香煙繚繞，固然增添一種敬神之意，但其氣味也使得很多人不克久留！

這些設施上的差異，讓我想到南懷瑾先生引述一句俗話說：「學佛一年，佛在眼前，學佛兩年，佛在大殿，學佛三年，佛在西天。」南懷瑾講的是時間，意思當然是如果沒有融會貫通佛法、悟出佛理，時間越久，離開佛越遠。此處我要借用他的話，強調空間、設施的安排。比起台灣或其他漢傳大乘佛教國家，在南傳佛教的緬甸，我們看到的寺廟實景，與佛陀的可近性較高，應該是比較可以讓信徒拉近和佛陀之間距離的更好選擇！可近性高，自然地有利佛緣越結越深。

還有，我們參觀過這麼多知名的佛塔或寺廟，除了狄瑪揚意佛塔，塔內現在還存放當時國王殘酷砍斷工人手指的刑具，其他地方多只看到佛陀宣揚佛法的正面訊息，沒有恐嚇人的地獄圖案或描述。雖然瑞西貢佛塔有一亭子的柱子上掛老、病、死及沙門的塑像，代表老、病、死的塑像自然地面容憔悴枯黃，令人望而生畏，但寓意佛陀年輕尚未為太子前，碰到人生、老、病、死無法解脫的問題，只好成為沙門中人尋求解答的故事，一般人應該可以接受。這種種隱惡揚善的親民做法，和我們熟悉的台灣很多寺廟，故意彰顯十八層地獄的恐怖，實在大異其趣！

另外，緬甸的佛像，其可親性比較貼近庶民，例如瑞西貢佛塔中的一個亭子，供奉的佛像應該是年輕時候悉達多尚為太子時的樣貌，英俊、睿智又祥和。仰光的喬達基臥佛，一樣英氣逼人，令人打從心底就喜歡他，自然地，更能接受他。相反地，在漢傳佛教國家的佛像，幾乎千篇一律、一個模樣，雖然法相莊嚴，但是缺乏可親性，比較難以貼近庶民。

基督教或伊斯蘭教批評我們佛教徒拜偶像，但是，對我們而言，這偶像不只是神像，也是我們崇拜的對象。就如同他們常把偉人或知名人物的畫像或雕像到處放，我們是打從心底嘆服釋迦牟尼的智慧，到處有祂的佛像，誰曰不宜？

在漢傳佛教國家，吃素等於認同不殺生，是禮佛的重要選項。但是在南傳佛教國家，僧侶是不能選擇信眾供奉的食物，當然葷素不拘，不能浪費。而且信眾供奉給男僧侶的，一定是煮熟的熱食，也必須在午前給，因為他們是過午不食。信眾供奉給女僧侶的，多半是生的，女僧侶回去烹煮，時間就沒有那麼嚴苛。

有趣的是，雖然寺廟收容的很多是孤兒或家境清寒的兒童，但是也有很多一般中上收入的家庭，會將兒童送到寺廟，接受一段時間的佛法教育。送去前，家裡長輩會刻意把小孩打扮得像王子模樣，比照佛陀出家前的王子身份裝扮，然後再接受寺院的訓練，包括出外乞食。這重大轉折對於兒童心理的影響，和心志的涵養，應該是非常有意義的。筆者相信它的作用一定很正面，當然就非常值得我們深入研究！筆者有這樣的看法，是從發生在二〇一八年六月二十三日泰國清萊省美塞縣睡美人鐘乳石洞的故事得來，也希望以後有相關研究去印證！

當然，不是所有南傳佛教國家的做為，我們可以完全認同，甚至於照章全收。至少在緬甸，給佛像貼金箔的做法，我們無法完全苟同。雖然有成語說：「人要衣裝，佛要金裝」，在佛身上貼金，既是布施也表達敬意，但是它真正的意義仍有待商榷。另外，只有男信眾可以在佛身上貼金，女信眾不僅不能在佛身上貼金，甚至於不能太靠近佛身，也似乎承襲印度傳統重男輕女的作風，對女信眾而言是輕蔑，實不足以為式。

緬甸人死後多火化，骨灰多灑在緬甸的母親河—伊洛瓦底江或其他河流及大海，這種對待死亡比較環保、簡潔、又灑脫的作法，令筆者非常激賞，當然就沒有台灣的亂葬崗，以及死人與活人爭地的問題。相對地，這也衍生亡者既然已經追隨佛陀去，就沒有拜祖先的問題。這一點讓我們習慣慎終追遠習俗的華人，比較難以接受。這種風俗的差異，可能還要經過很多世代，才能改變。

比較貼近佛陀原始教義的南傳佛教國家，至少在緬甸，的確有非常多的做法和我們習以為常的漢傳大乘佛教很不一樣，令我們一行人大開眼界！至於未來對於佛教信仰，包括衍生的儀式和內容，是否改弦更張，則存乎信徒一心。至少對待自己生命的內容以及死亡的處置，我們有更多、更簡潔、更讓自己心悅誠服的選項，不必臣服於人云亦云的世俗觀點，也不必接受難以信服的傳統儀式！

除了沐浴在南傳佛光之下，所有團員都可以感受到緬甸淳樸、自然的一面。是否尚未充分開發所保留下來的天真爛漫，還是南傳佛教的長期涵養有以致之，還有待未來時間的考驗與驗證。至少在現階段，如果讀者不在意落後，如果想追念我們兒時的鄉土風情，緬甸是可以列入考慮的旅遊國度。就如同筆者在《過河卒子》一書中，引用功夫明星李小龍的一句話：「盡其在我，簡單是美」。能欣賞簡單的生活型態，並喜歡化繁為簡的佛教儀式的人，緬甸是應該認真考慮的參訪對象。

因為時間有限，參觀的景區不足以涵蓋國土面積超過台灣十八倍的緬甸，文中的敘述難免以偏概全。作者不指望一篇遊記可以讓讀者當作旅遊緬甸的指南，反而希望因此而掀起他人拋磚引玉，做出更完全的介紹。

《莊子．外篇．秋水》記載，莊子與惠子游於濠梁之上。莊子曰：「倏魚出游從容，是魚之樂也。」惠子曰：「子非魚，安知魚之樂？」莊子曰：「子非我，安知我不知魚之樂？」緬甸之旅，至少對筆者，是「出游從容，魚之樂也」！國人都熟悉「曾經滄海難爲水，除卻巫山不是雲」的意思，對佛學深感興趣的人，來一趟緬甸之旅，應該會同意筆者的觀點：「除卻巫山不是雲，曾經緬甸樂佛緣！」

後記

這回緬甸之旅，完全是筆者一人主導，成敗必須筆者負全責。若以成敗論英雄，全團人跟筆者一起去冒險，也都欣喜、滿載而歸，當然個個是「戰績輝煌」的英雄！若論個人的收穫，筆者毋寧是最大受益者。前面的敘述，已經概括我要表達的原因。

若沒有樂久旅行社曾奕維的配合規劃，當然就沒有這次的旅遊，必須在功勞簿記上第一筆。雖然旅行前說明會，多只是一般例行公事，但這次卻意義非凡，因為緬甸之旅可以參考的資訊，非常有限，曾經去過緬甸三次的高雄國賓飯店資深經理潘美枝，在當晚給我們的簡介，幾乎等於讓每一個參與者，吃下第一顆定心丸！當然讓參與者銘記在心。

我們暱稱他小唐的導遊唐漢揚先生，也是這次成功之旅的重要推手，和大家相處良好，從不主動推薦店鋪，沒有推銷任何商品，當然也不介入買賣，在台灣或中國大陸旅遊常碰到的推銷商品抽成的事，在緬甸不存在。純粹景點介紹，而且願意配合團員要求，改變行程，這樣的旅遊讓我們耳目一新！這應該和背後的「世邦旅運關係企業有限公司」作風有關係，也一併致謝。唯一不滿的是，參觀【敏貢古城】的安排，原訂輕鬆搭船旅遊的行程，旅行社臨時說沒有訂到船票，只能搭遊覽車去，又碰到堵車，最後靠嘟嘟車辛苦上路。公司事後補償每位團員免費的緬

式按摩，也算有解決的誠意。大家不計前嫌，從機場幾位團員和小唐的合照，可見一斑！（圖 6-1）

為什麼出書？或者應該問為什麼不出書？在旅行緬甸之前，看過好幾次介紹緬甸旅遊的節目，說實在地，吸引力雖然十足，但是講解不夠深入。很多人把自己的旅遊照片放在網路上供瀏覽，部分加註說明，也有相當參考價值。最重要的是，筆者從來沒有一次推銷旅遊會像這一次

圖 6-1. 小唐著籠基到機場送行，由照片可以看出大家很滿意這次緬甸之旅，部分團員已經先進關，就沒有在照片上。

這麼困難。許多先前一起出遊過的朋友，一聽到去緬甸，就委婉地說要看有沒有時間，之後當然就沒有下文了。

做為一個「儒釋道之子」，也高度肯定佛陀的智慧能成為我人生主要的心靈導師，我須要留學，須要多看看祂在南傳佛教國家的風華甘旨。這一趟行程，我相信已經看到了。在大又靜穆的佛寺內，透過和佛陀簡單又直接的對話，一般人相對地容易進入空與無我的境界，當然更容易「心領神會」佛陀旨意，也就是六祖惠能在著名的禪詩所描述的意境：「菩提本無樹，明鏡亦非台；本來無一物，何處惹塵埃！」自然而然地，也比較能讓人悟出般若智慧，甚至於進入涅槃之境。

也許這次旅遊時間仍嫌短暫，介紹緬甸的深度或許不足，但是，對從未涉足緬甸的人，特別是對不同教派的佛教信仰，仍持高度興趣的人，我自認所見所聞，應該有相當參考價值。

因為軍政府長期統治，又有西方媒體大肆報導回教徒族群羅興亞人的遭遇，再加上落後國家免不了的流行病，緬甸在一般人心目中，選擇做為旅遊景點的意願絕對不高。我這本小冊子，無意替緬甸背書，只希望忠實地傳達自己的感受給須要參考的人。

筆者盡量避免敝帚自珍，也盡量減少自家人的照片。保留下來的，是筆者感激團員願意陪我冒險，所留下來的吉光片羽，希望讀者心領神會本書的旨意。

愛生活 34

樂遊緬甸
沐浴在南傳佛光之旅

作　　者 — 莊錦豪
主　　編 — 林憶純
行銷企劃 — 許文薰

第五編輯部總監 — 梁芳春
董事長 — 趙政岷
出版者 — 時報文化出版企業股份有限公司
108019 台北市和平西路三段 240 號 7 樓
發行專線—（02）2306-6842
讀者服務專線— 0800-231-705、（02）2304-7103
讀者服務傳真—（02）2304-6858
郵撥— 19344724 時報文化出版公司
信箱— 10899 台北華江橋郵局第 99 信箱
時報悅讀網— www.readingtimes.com.tw
電子郵箱— yoho@readingtimes.com.tw
法律顧問—理律法律事務所 陳長文律師、李念祖律師
印刷—和楹印刷股份有限公司
初版一刷— 2020 年 4 月 24 日
定價—新台幣 380 元
（缺頁或破損的書，請寄回更換）

時報文化出版公司成立於 1975 年，並於 1999 年股票上櫃公開發行，
於 2008 年脫離中時集團非屬旺中，以「尊重智慧與創意的文化事業」為信念。

樂遊緬甸：沐浴在南傳佛光之旅 / 莊錦豪作 . -- 初版 . -- 臺北市：
時報文化 , 2020.04　184 面；13*19 公分
ISBN 978-957-13-8104-6（平裝）
1. 旅遊 2. 緬甸
738.19　109001558

ISBN 978-957-13-8104-6
Printed in Taiwan